Eckart Pontow

KLASSISCHES OBST UND WILDFRÜCHTE MIT REZEPTEN

W0019210

Trotz gewissenhafter Bearbeitung kann eine Haftung für den Inhalt nicht übernommen werden. Für aktuelle Ergänzungen und Anregungen ist der Verlag jederzeit dankbar.

Die Abbildungen wurden den Büchern

Blanco, Francisco Manuel: Flora de Filipinas según el sistema sexual de Linneo, C. Lopez, Manila 1837 und *Karsten, F. A.: Flora Batava. Afbeelding en beschrijving der Nederlandsche Gewassen*, J. C. Sepp en zoon, Amsterdam 1915 und *Köhler, Hermann: Medizinal-Pflanzen in naturgetreuen Abbildungen mit kurz erläuterndem Texte*, Verlag von Franz Eugen Köhler, Gera-Untermhaus 1887 und *Lindman, C. A. M.: Bilder ur Nordens Flora*, Mentz og Ostenfeld 1901–1905 und *Mills, Collin: Hortus camdenensis: an illustrated catalogue of plants grown by Sir William Macarthur at Camden Park, NSW, Australia between about c. 1820 & 1861*, New South Wales 2010 und *Risso, A.; Poiteau, A.: Histoire Naturelle des Orangers*, Hérissant Le Doux, Paris 1818 und *Thomé, Otto Wilhelm: Flora von Deutschland, Österreich und der Schweiz in Wort und Bild für Schule und Haus*, Verlag Flora von Deutschland, Gera-Untermhaus 1885

entnommen und für diese Ausgabe bearbeitet.
Foto: S. 93: Simon Garcia

Impressum

© 2013 RhinoVerlag Dr. Lutz Gebhardt & Söhne
GmbH & Co. KG
Am Hang 27, 98693 Ilmenau
Tel.: 03677 / 46628-0, Fax: 03677 / 46628-80
www.rhinoverlag.de

Layout, Satz: Ulrich Völkel
Schrift: Adobe Garamond
Titelgestaltung: ja.na Rogge, Weimar

1. Auflage 2013
ISBN: 978-3-95560-011-2

INHALTSVERZEICHNIS

VORWORT DES AUTORS

Obst in seiner ursprünglichen Wortbedeutung war alles, was man gewissermaßen als „Zubrot" neben Fleisch und Brot aß, also auch Hülsenfrüchte und Gemüse. Erst seit dem 16. Jahrhundert kennt man den Begriff Obst in der heutigen Bedeutung als Sammelwort für essbare Baum- und Strauchfrüchte, *deren Samen mit einer fleischigen Bedeckung umgeben ist,* wie in Adelungs „Grammatisch-kritischem Wörterbuch der hochdeutschen Mundart" von 1811 nachzulesen ist. In umfassender Bedeutung handelt es sich um roh genießbare, meist wasserhaltige Früchte oder deren Teile (zum Beispiel Samen), die von Bäumen, Sträuchern und mehrjährigen Stauden stammen.

Im Unterschied zu Gemüse, das laut Lebensmitteldefinition von einjährigen Pflanzen bzw. Pflanzenteilen stammt, werden unter dem Begriff Obst die aus befruchteten Blüten hervorgegangenen Früchte mehrjähriger Pflanzen verstanden, die meist von süßlichem Geschmack sind.

Betrachtet man ältere Aufzeichnungen, findet man zwar schon sehr viele Obst- und Beerenarten, aber unser heutiges Angebot ist dank der exotischen Früchte weitaus umfangreicher geworden, und erstaunlicherweise kommen immer wieder neue neue Produkte aus aller Herren Länder – auch in bereits verarbeiteter Form – auf den Markt.

Wir unterscheiden: Kernobst, Steinobst, Beerenobst, Schalenobst und Südfrüchte.

Die Deutsche Gesellschaft für Ernährung (DGE) empfiehlt, täglich 650 Gramm Obst und Gemüse zu verzehren, woran sich aber laut einer Studie nur ein Viertel der Männer und ein Drittel der Frauen halten. Das erklärt auch, welche Folgen der dadurch entstehende Vitaminmangel mit sich bringt. Allerdings sind die zahlreichen Diätvorschläge, nach denen man über einen längeren Zeitraum ausschließlich Obst und Gemüse essen soll, nur das andere Extrem.

Vernünftig isst, was glücklich macht, lässt sich ein Ausspruch von Alfred Polgar variieren.

Eckart Pontow

7

Apfel *Malus domestica, Syn. Pyrus malus*

FAMILIE
Rosengewächse *(Rosaceae)*

BESCHREIBUNG
Die Äpfel sind Kernobstgewächse *(Pyrinae)*. Neben den ca. 42 bis 55 in Europa, Asien und Nordamerika existierenden Arten gibt es noch zahlreiche aus ihnen hervorgegangene Hybriden. Vermutlich ist der bereits 1170 von den Zisterziensern erwähnte Borsdorfer Apfel die älteste dokumentierte Apfelsorte. **Granatäpfel** *(Punica granatum)* zählen nicht zu den *Rosaceae* (siehe S. 28 ff).

VERWENDETE TEILE
Frucht, Blätter, Holz

WICHTIGE INHALTSSTOFFE
Chlor, Eisen, Fluor, Kalium, Kupfer, Magnesium, Natrium, Phosphor, Schwefel, Silizium, Vitamin A, B1, B2, B6, C und E

Juli bis November (sortenabhängig)

VERWENDUNG

In England sagt man: *An apple a day keeps the doctor away.* Täglich einen Apfel essen macht den Arzt überflüssig. Dahinter verbirgt sich die Erfahrung, dass Äpfel auf die verschiedenste Weise zu einer gesunden Ernährung beitragen. Fruchtsäuren halten die Zähne gesund. Apfelsäure löst Harnsäure auf und wirkt gegen Rheuma und Gicht. Fruktose hält den Blutzuckerspiegel konstant. Polyphenole und Karotinoide schützen vor Herz-Kreislauferkrankungen und Krebs. Pektin senkt den Cholesterinspiegel. Ballaststoffe stabilisieren die Darmflora. Die Mehrzahl dieser Inhaltsstoffe sitzt in der Schale.

Hildegard von Bingen empfahl, die Blüten und Blätter gegen Kopfschmerzen, Koliken und Verstopfung anzuwenden.

Die Rinde des Apfelbaums ist anregend und senkt das Fieber. Sie ist ein vollwertiger Ersatz für Chinin.

APFELSTRUDEL

Zutaten für 5 Portionen

125 g	Quark
125 g	Butter
125 g	Mehl
etwas	Salz
¾ kg	Äpfel, säuerliche
1	Ei
	Zucker und Zimt nach Geschmack

ZUBEREITUNG

Den Quark mit der Butter verrühren, salzen und mit dem Mehl verkneten. Das Ganze im Kühlschrank ca. 1 Stunde ruhen lassen.

Den Teig zum Rechteck ausrollen, teilen, mit den geschnipselten Apfelstücken belegen, mit Zucker und Zimt verfeinern und einen Strudel formen.

Den Strudel mit Ei bestreichen und im Backofen goldgelb backen.

Aprikoſe *Prunus armeniaca*

FAMILIE
Rosengewächse *(Rosaceae)*

BESCHREIBUNG
Aprikosen, in Österreich, Südtirol und einigen Teilen Bayerns auch Marillen genannt, gehören zur Familie der Rosengewächse *(Rosaceae)*. Die vor den Blättern erscheinenden Blüten der bis zu sechs, mitunter auch zehn Meter hohen, strauchähnlichen Bäume sind samtig behaart und auf der Sonnenseite oft karminrot gefleckt oder punktiert. Aprikosen blühen von März bis April.
Für die Herkunft weist die Literatur unterschiedliche Länder aus: Armenien, China oder Indien.

VERWENDETE TEILE
Frucht, Kern, Holz

WICHTIGE INHALTSSTOFFE
Calcium, Eisen, Kalium, Karotenen, Magnesium,

Natrium, Phosphor, Vitamin B1, B2, B3, B4, B5, B6, C und E

Juli bis Ende August (einheimischer Anbau)
Ende Mai bis September (Mittelmeerregion)

VERWENDUNG
Aprikosen kommen als Frischfrüchte, aber auch als Trockenobst in den Handel. 100 g frische Aprikosen enthalten etwa 40 Kalorien, im getrockneten Zustand sind es etwa fünfmal soviel. Aprikosen enthalten einen großen Kern, in dem der mandelförmige Samen steckt, der im zerstoßenen Zustand ein dem Marzipan ähnliches Aroma freisetzt. Diese Samen werden zur Herstellung von Amarettolikör, Persipan oder anderen Süßigkeiten verwendet.
Aprikosenkernöl wird wegen seines unaufdringlichen Duftes als Basis für Hautpflegemittel eingesetzt.
Der Aprikose wird in verschiedenen Kulturen auch eine aphrodisiakische Wirkung nachgesagt.

APRIKOSEN-CHUTNEY

Zutaten für 6 Portionen

1 kg	Aprikosen
250 g	Zwiebeln
2	rote Chilischoten
400 g	Zucker
1 TL	Salz
200 ml	Weißweinessig
2	Aprikosensteine

ZUBEREITUNG

Aprikosen vom Kern befreien, klein schneiden, zwei Steine knacken, die Kerne im Mörser zerdrücken. Zwiebeln würfeln, Kerne der Chilischoten unter laufendem Wasser entfernen, Schoten in feine Streifen schneiden. Alle Zutaten in einem offenen Topf unter gelegentlichem Rühren bei mittlerer Hitze etwa eine Stunde einkochen lassen.

Das heiße Chutney in sterilisierte Gläser füllen, sofort verschließen. Die Gläser einige Zeit auf den Kopf stellen, möglichst dunkel lagern.

Birne *Pyrus communis*

FAMILIE
Rosengewächse *(Rosaceae)*

BESCHREIBUNG
Birnen sind Kernobstgewächse und in der Regel sommergrüne Bäume, mitunter auch Sträucher. Die Blüten erscheinen vor den Blättern. Die Früchte werden von 2,5 bis 6 cm lang, bei Kulturformen auch deutlich größer. Die Samen sind schwarz oder fast schwarz. Zur Bildung eines Fruchtansatzes sind kühle Temperaturen erforderlich.

VERWENDETE TEILE
Frucht, Holz

WICHTIGE INHALTSSTOFFE
Calcium, Eisen, Kalium, Magnesium, Phosphor

ERNTEZEIT
August bis Oktober (sortenabhängig)

VERWENDUNG

Birnen enthalten weniger Säure als Äpfel, aber deutlich mehr Zucker. Der hohe Eisengehalt ist hilfreich gegen Blutarmut. Phosphor stärkt das Nervensystem. Sie werden roh verzehrt. Als Trockenobst verwendet man sie beim Kochen. Birnensaft ist besonders mild und schmackhaft.

Birnenkraut (auch Birnensirup genannt) ist ein dunkelbrauner, durch Einkochen von Birnen hergestellter Sirup, mit dem man bis zur Mitte des 18. Jahrhunderts, als Zucker noch nicht industriell hergestellt werden konnte, Marmeladen süßte.

Von den mehr als 5.000 durch Züchtung entstandenen Sorten sind nur wenige im Handel erhältlich, weil die meisten nicht für eine längere Lagerung geeignet sind. Wildbirnen sind besonders anfällig gegen Fäulnis.

Das Holz des Birnbaums findet in der Möbelindustrie Verwendung. Schwarz gebeiztes Birnbaumholz wurde anstelle des teuren Ebenholzes eingesetzt. Mostbirnenschnitzer fertigen Backformen, Druckstöcke und Lettern aus Birnenholz.

RHEINISCHES BIRNENKRAUT

Zutaten

10 kg	harte Birnen und Äpfel, auch Fallobst
oder	
4 Liter	Birnensaft, 100 %
2 Liter	naturtrüben Apfelsaft, 100 %

ZUBEREITUNG

Aus den Äpfeln und Birnen im Entsafter 6 l Saft herstellen. Man kann auch die gleiche Menge fertigen Saft nehmen.

Saft in einem großen Topf oder Kessel zum Kochen bringen, danach unbedeckt in ca. 1,5 Stunden auf etwa 1.000 bis 1.200 g zu immer dunkler werdendem Sirup einkochen. Den fertigen, zähen Sirup in passende Gläser füllen.

Die Apfel-Birnen-Mischung kann beliebig variiert werden. Dieser Sirup ist ein süßer Brotaufstrich. Außerdem findet er Verwendung als Backzutat (z. B. Bienenstich).

Brombeere *Rubus sectio Rubus*

FAMILIE
Rosengewächse *(Rosaceae)*

BESCHREIBUNG
Brombeeren gehören in den gemäßigten Zonen von Europa, Nordafrika, Vorderasien und Nordamerika in die weit verbreitete Gattung *Rubus* mit mehreren tausend Arten. Sie gedeihen besonders gut in sonnigen bis halbschattigen Lagen auf kalk- und stickstoffreichen Böden.

Die Kletterpflanzen werden zwischen 0,5 und 3 m hoch. Ihre Stängel sind mehr oder weniger stachlig und verholzen mit der Zeit. Im zweiten Jahr bildet die Pflanze Seitentriebe mit Blütenständen am Ende aus. Die blauschwarzen, saftigen Brombeeren sind botanisch gesehen Sammelsteinfrüchte. Ihre Farbe verdanken sie Anthocyanen.

VERWENDETE TEILE
Früchte, Blätter (Tee)

Wichtige Inhaltsstoffe

Apfelsäure, ätherisches Öl, Bernsteinsäure, Gerbstoffe, Milchsäure, Oxalsäure, Pektin, Salicylsäure, Vitamin C

Erntezeit

<u>Früchte</u>: August bis Oktober
<u>Blätter</u>: April bis September

Verwendung

Die wohlschmeckenden Früchte werden am besten roh verzehrt. Sie ergeben auch einen vorzüglichen Kuchenbelag oder eine Marmelade. Als Ausgangsprodukt für Gelee, Saft und Likör finden die Brombeeren, die man durch Tiefkühlen konservieren kann, Verwendung.

Aus den Blättern der Brombeere bereitet man entweder einen Tee oder eine Tinktur, was bereits der römische Gelehrte Plinius der Ältere als wirksames harntreibendes Mittel empfahl. Wegen des Gerbstoffgehalts eignen sich Brombeerblätter auch bei Durchfallerkrankungen.

BROMBEERLIKÖR

Zutaten

700 g	Brombeeren
200 g	Zucker
750 ml	Sherry, medium
150 ml	Cognac

ZUBEREITUNG

Brombeeren waschen, abtropfen lassen, mit dem Zucker in eine Schüssel schichten, leicht stampfen; stehen lassen, bis sich der Zucker aufgelöst hat.

Die Mischung in eine große (bauchige) Flasche gießen, mit Sherry auffüllen, die Flasche verschließen und eine Woche an einem kühlen, dunklen Platz (nicht im Kühlschrank!) durchziehen lassen. Die Flasche täglich gut durchschütteln.

Nach einer Woche Cognac zugeben, den Likör weiterhin kühl und dunkel gelagert einen Monat reifen lassen. Sieb mit einem Mulltuch auskleiden, Likör mit dem Obst durchdrücken und in die vorbereiteten Flaschen abfüllen.

24

𝕰𝖗𝖉𝖇𝖊𝖊𝖗𝖊 *Fragaria x ananassa*

FAMILIE
Rosengewächse *(Rosaceae)*

BESCHREIBUNG
Die mehrjährigen krautigen Pflanzen sind weich behaart. Die schwachholzigen Ausläufer bewurzeln sich und bilden neue Rosetten. Die weißen, gelegentlich auch gelben Blüten erscheinen nach Ende der Kälteperiode. Der Blütenboden bildet eine fleischige Scheinbeere.

Mit Einführung amerikanischer Arten im 18. Jahrhundert wurde die Gartenerdbeere gezüchtet.

Der Erdbeere ähnlich sind die Schein-Erdbeere *(Duchesnea indica* oder *Potentilla indica)* und das Erdbeer-Fingerkraut *(Potentilla sterilis)*. Die wegen ihrer Früchte sogenannten Erdbeerbäume *(Arbutus)* gehören zu den Heidekrautgewächsen *(Ericaceae)*.

VERWENDETE TEILE
Früchte, Blätter (Tee)

WICHTIGE INHALTSSTOFFE

Biotin, Calcium, Eisen, Folsäure, Kalium, Magnesium, Pantothensäure, Vitamine C und K

ERNTEZEIT

Mai bis Juli

VERWENDUNG

Erdbeeren, im heimischen Garten oder in großen Plantagen angebaut, werden vor allem als Rohkost verzehrt. Unreife Früchte reifen nicht nach.

Erdbeeren eignen sich als Tortenbelag und als Ausgangsprodukt für Marmelade oder Konfitüre. Als Zusatz zu Eiscreme, Fruchtjogurt, Milchshakes sowie in Bowlen und im Rumtopf sind sie besonders beliebt.

Wegen ihrer weichen Konsistenz sind Erdbeeren als Konserven oder Tiefkühlkost wenig geeignet.

Getrocknete Erdbeeren oder Blätter überbrüht sind ein wirksamer Haustee bei verschiedenen Stoffwechselbeschwerden. Sie wirken adstringierend, blutreinigend und harntreibend.

ERDBEER-TIRAMISU

Zutaten für 4 Portionen

750 g	Erdbeeren
100 g	Löffelbiskuits
250 g	Mascarpone
50 g	Zucker
300 ml	Sahne

Zum Verzieren (Mengen nach Bedarf):

Erdbeeren
Zitronenmelisse
Pistazien

ZUBEREITUNG

Erdbeeren waschen, putzen, pürieren; die Hälfte der Masse in eine flache Auflaufform geben. Löffelbiskuits darüberlegen, das restliche Püree darauf streichen.

Mascarpone mit Zucker aufschlagen. Schlagsahne steif schlagen, unter die Mascarponecreme heben, über die Löffelbiskuits geben. Mit Erdbeeren, Zitronenmelisse und Pistazien garnieren.

𝕲𝖗𝖆𝖓𝖆𝖙𝖆𝖕𝖋𝖊𝖑 *Punica granatum*

FAMILIE

Weiderichgewächse *(Lythraceae)*

BESCHREIBUNG

Der Granatapfel oder die Grenadine wird nach neueren Bestimmungsmerkmalen der aus zwei Arten bestehenden Gattung *Punica* zugerechnet. Seine rote Frucht wird als Obst gegessen. Die Heimat des Granatapfels liegt in West- bis Mittelasien; heute wird er unter anderem im Mittelmeerraum angebaut.

Der sommergrüne Baum erreicht Wuchshöhen bis zu fünf Metern und kann einige hundert Jahre alt werden.

Die apfelähnliche, orangerote, bis zu etwa 10 cm große Frucht wird als Grenzfall einer Beere angesehen, weil das Fruchtfleisch nicht fleischig ist. Die bis zu 15 Millimeter großen, kantigen Samen sind von einem saftigen, tiefrot bis blassrosa gefärbten Samenmantel umgeben.

VERWENDETE TEILE
Frucht, Fruchtschale, Wurzel

WICHTIGE INHALTSSTOFFE
Calcium, Eisen, Ellagitannine, Flavonoide, Kalium, Pelletierine, Phenolsäuren, Punicalagine, Vitamin C

ERNTEZEIT
September bis Dezember

VERWENDUNG
Granatäpfel sind im Mittelmeerraum, inzwischen aber auch in Mittel- und Nordeuropa als Nahrungsmittel weit verbreitet. Durch Vergärung wird Granatapfelwein gewonnen. Mit dem Fruchtfleisch und dem Saft werden Wild- oder Geflügelgerichte verfeinert.

Schale und Saft liefern Farbstoffe für Orientteppiche. Durch das Kochen der Frucht erhält man eine pechschwarze Tinte. Wurzel, Rinde und gekochte Schale wurden im Mittelalter als Wurmmittel gegen Bandwürmer eingesetzt.

GRANATAPFELCREME

Zutaten für 4 Portionen

4 Blatt	weiße Gelatine
1	Granatapfel
4 EL	Orangensaft
200 ml	Schlagsahne
100 ml	Joghurt
2 EL	Zucker
	Granatapfelkerne zum Garnieren
	Minzeblättchen zum Garnieren

Zubereitung

Granatapfel quer halbieren, auspressen, einige Kerne zum Garnieren zurücklegen. Gelatine etwa 10 Minuten in kaltem Wasser einweichen, gut ausdrücken. Orangensaft erwärmen (nicht kochen!), Gelatine darin auflösen, Granatapfelsaft hinzufügen. Sahne mit dem Zucker steif schlagen, Jogurt unterrühren. Die abgekühlte Saft-Gelatine-Mischung vorsichtig darunterziehen. Im Kühlschrank fest werden lassen. Zum Servieren Nocken oder Kugeln abstechen und verzieren.

𝕳𝖊𝖎𝖉𝖊𝖑𝖇𝖊𝖊𝖗𝖊 *Vaccinium myrtillus*

FAMILIE
Heidekrautgewächse *(Ericaceae)*

BESCHREIBUNG
Die Heidelbeeren *(Vaccinium myrtillus),* auch Blaubeeren genannt, sind eine Pflanzengattung aus der Familie der Heidekrautgewächse *(Ericaceae).* Die etwa 500, vorwiegend auf der Nordhalbkugel beheimateten Vaccinium-Arten sind immergrüne oder laubabwerfende, kriechende Sträucher. Die tiefwurzelnde Halbschattenpflanze wächst in Laub- und Nadelwäldern, auch in Moor- und Bergheiden. Charakteristisch sind die eiförmigen oder kugeligen fleischigen Beeren.

VERWENDETE TEILE
Beeren, Blätter

WICHTIGE INHALTSSTOFFE
Anthocyanoside, Catechingerbstoffe, Chinasäure,

Flavonoide, Fruchtsäuren, Glykosid Arbutin, Hydrochinon, Invertzucker, Myrtillin, Neomyrtillin, organische Säuren, Pektine, Vacciniin, Vitamin C

ERNTEZEIT
Juni bis August

VERWENDUNG
Die Früchte müssen nach dem Pflücken und vor dem Verzehr wegen des möglichen Befalls durch den Fuchsbandwurm gewaschen werden.

Die etwa 100 neuen Sorten werden in Plantagen angebaut. Die Eltern-Arten sind in Nordamerika beheimatet und als Kulturformen aus der Amerikanischen Heidelbeere gezüchtet.

Die getrockneten, die frischen und die tiefgefrosteten Früchte – aber auch die getrockneten Blätter – finden als Heildroge z. B. bei Durchfall Verwendung. In der Volksmedizin gelten Heidelbeerblätter als Blutzucker senkend, obwohl ein schlüssiger wissenschaftlicher Nachweis dafür noch nicht erbracht wurde. Deshalb wird von einer Anwendung abgeraten.

HEIDELBEER-BLECHKUCHEN

Zutaten

4	Eier
250 g	Zucker
200 ml	Öl
200 ml	Orangensaft
300 g	Mehl
1 Pck.	Backpulver
300 g	Heidelbeeren
	Puderzucker
	weiße Kuvertüre

ZUBEREITUNG

Die Eier und der Zucker werden cremig aufgeschlagen, langsam Öl und Saft unterrühren. Mehl mit Backpulver mischen und zügig unterrühren. Den Teig auf ein vorbereitetes Blech streichen und bei 200 °C etwa 10 Minuten vorbacken. Dann die Beeren auf dem Teig verteilen und etwa 15 bis 20 Minuten fertigbacken. Mit Puderzucker und Kuvertüre überziehen.

𝕳imbeere *Rubus idaeus*

Familie
Rosengewächse *(Rosaceae)*

Beschreibung
Die strauchige Pflanze, deren Ruten mit kurzen Stacheln besetzt sind, wird bis zu zwei Meter hoch. Die zwittrigen Blüten haben einen stark vorgewölbten Blütenboden. Die roten, bei Zuchtformen auch gelben oder schwarzen weichen Früchte sind allerdings keine Beeren, sondern aus den einzelnen Fruchtblättern gebildete Sammelsteinfrüchte.

Die einmaltragenden Sommerhimbeeren werden oft an einem Drahtrahmen befestigt und die abgeernteten Ruten gleich nach der Ernte bodennah abgeschnitten und die Neutriebe aufgebunden. Herbsthimbeeren werden im November ebenfalls bodeneben abgeschnitten.

Verwendete Teile
Früchte, Blätter

WICHTIGE INHALTSSTOFFE
Calcium, Kalium, Magnesium, Vitamin C, Zucker

ERNTEZEIT
Juni bis zum ersten Frost

VERWENDUNG
Himbeeren sind wegen ihres frischen Geschmacks sehr beliebt und aufgrund ihres hohen Vitamingehalts sehr gesund. Sie werden meistens roh verzehrt oder als Marmelade, Gelee, Kompott, Saft, Kuchenbelag, Kaltschale oder Fruchtgrütze verarbeitet.

Die Imker schätzen Himbeeren wegen des hohen Zuckergehalts ihres Nektars. Himbeeren werden auch zum Aromatisieren von reinem Alkohol (Himbeergeist) verwendet. Die Beeren reifen nach der Ernte nicht nach.

Die Himbeere wird als Heilpflanze seit dem Altertum geschätzt. Sie fördert die Abwehrkräfte und beschleunigt die Wundheilung. Sie wurde im Mittelalter in Klöstern kultiviert. Himbeerblättertee soll während des Geburtsvorganges die Beckenmuskulatur und den Muttermund entspannen, die Wehen fördern und eine schnelle Geburt anregen.

HIMBEERPRALINEN

Zutaten für 30 Pralinen

200 g	weiße Schokolade
150 g	Himbeeren
50 ml	Sahne
30 g	Butter
1 EL	Himbeerlikör

ZUBEREITUNG

Die Sahne mit der Butter erhitzen und darin die weiße Schokolade auflösen. Die Himbeeren pürieren und durch ein Sieb streichen, um die Kerne auszusondern.

Zu der aufgelösten Schokolade kommen jetzt die Himbeeren und ein Esslöffel Himbeerlikör. Diese Masse lässt sich leicht in fertig gekaufte oder selbst hergestellte Pralinenhohlkörper spritzen.

40

Schwarzer Holunder *Sambucus nigra*

FAMILIE
Moschuskrautgewächse *(Adoxaceae)*

BESCHREIBUNG
Der Schwarze Holunder ist ein bis zu elf Meter hoher, stark verzweigter Strauch. Er kann bis zu 20 Jahre alt werden. Die dickeren Äste und der Stamm haben eine längsgefurchte, graubraune, korkartige Borke. Ab Mai bis in den Juli erscheinen am jungen Holz die großen, flachen Schirmrispen aus vielen Einzelblüten. In den Monaten August/September reifen die anfangs roten, später schwarzen Beeren, auch Fliederbeeren genannt, die im eigentlichen Sinne keine Beeren, sondern Steinfrüchte sind. Die Früchte werden vor allem durch Vögel verbreitet.

VERWENDETE TEILE
Blüten, Beeren
▌ *Das Grün der Pflanze ist giftig!*

WICHTIGE INHALTSSTOFFE

Ätherisches Öl, Cholin, Flavonoide, Gerbsäure, Gerbstoffe, Glycoside, Schleimstoffe, Vitamin C

ERNTEZEIT

<u>Blüten</u>: Juni und Juli
<u>Beeren</u>: September und Oktober

VERWENDUNG

Blüten und Beeren finden in der Volksmedizin zahlreiche Anwendungen, z. B. bei Fieber. Das in den Beeren enthaltene Sambucyanin wurde früher zum Färben von Haaren und Leder verwendet sowie dem Rotwein zugesetzt.

Die Schirmrispen werden in Teig getaucht, gebraten oder frittiert. Als Geschmacksstoff dienen sie für verschiedene Getränke (Holunderlimonade bzw. Holundersirup und Holundersekt).

Die Beeren sollten bei der Verarbeitung zu Gelee, Mus, Saft oder Wein wegen der geringen Giftigkeit erhitzt werden. In Norddeutschland kocht man eine Fliederbeersuppe.

NORDDEUTSCHE FLIEDERSUPPE

Zutaten für 4 Portionen

100 g	Holunderblüten
250 ml	Wasser
1 Liter	Milch
20 g	Mehl
20 g	Stärkemehl
3 EL	Zucker
2	Eier
	Butter

ZUBEREITUNG

Blüten abspülen, in ¼ l Wasser aufkochen, auf kleiner Flamme 10 Minuten sieden lassen, durch ein Sieb geben, Flüssigkeit zur Seite stellen. Eier trennen, Eiweiß zu Schnee schlagen. Mehl und Stärkemehl mit etwas Milch anrühren, Zucker dazugeben. Den Boden eines Topfes mit Butter einstreichen, restliche Milch aufkochen, Mehl einlaufen lassen, aufkochen. Eigelb mit der Flüssigkeit der Holunderblüten glatt rühren, in die Milch geben, Eischnee unterheben. Alles in eine Schüssel füllen und kalt stellen.

44

Rote Johannisbeere *Ribes rubrum*

FAMILIE

Stachelbeergewächse *(Grossulariaceae)*

BESCHREIBUNG

Johannisbeeren *(Ribes)*, in Österreich Ribisel(n) genannt, sind die einzige Gattung der Familie der Stachelbeergewächse *(Grossulariaceae)*. Einige Arten werden als Beerenobst, andere als Zierpflanzen genutzt.

Ribes-Arten sind meist laubabwerfende, selten immergrüne Sträucher von 1 bis 1,5 Meter Wuchshöhe, von denen einige Arten Dornen tragen. Die Bestäubung erfolgt durch Insekten. Die Blütenstände sind doldig oder schirmtraubig. Die Blütezeit reicht von April bis Mai. Die saftigen, in Trauben herabhängenden roten, schwarzen oder weißen Beeren enthalten meist zehn bis hundert ölhaltige Samen.

Eine Kreuzung aus Schwarzer Johannisbeere und Stachelbeere trägt den Namen Josta- oder Jockelbeere.

Ihre Früchte sind schwarz und deutlich größer als die der Schwarzen Johannisbeere.

VERWENDETE TEILE
Früchte, Blätter

WICHTIGE INHALTSSTOFFE
Flavonoide, Kalium, Pektine, Terpene, Vitamin C, Zitronensäure

ERNTEZEIT
Juli bis August

VERWENDUNG
Johannisbeeren haben einen weitaus höheren Anteil an Vitamin C als z. B. Zitronen. Schwarze Johannisbeerblätter als Tee aufgebrüht helfen bei Rheuma und Gicht. Rote Johannisbeeren stärken das Immunsystem, aktivieren den Zellstoffwechsel, schützen die Schleimhäute und wirken beruhigend auf die Nerven. Am besten schmecken Johannisbeeren frisch vom Strauch gepflückt. Wenn man

sie später verarbeiten möchte, sollten sie am Stiel bleiben.

Johannisbeeren werden zu Nektar und Limonade, zu Gelee oder Konfitüre verarbeitet.

JOHANNISBEERESSIG

Zutaten

600 ml	weißer Balsamico
500 g	rote Johannisbeeren
300 g	Zucker
1	Vanilleschote

Zubereitung

Balsamico mit dem Zucker erwärmen, bis er sich vollständig aufgelöst hat. Danach die gewaschenen Johannisbeeren und die ausgeschabte Vanilleschote dazugeben, etwa eine Viertelstunde köcheln lassen. Häufig umrühren, damit die Beeren platzen und Saft und Farbe an den Essig abgeben.

Anschließend die Vanille herausnehmen, den Sud durch ein Tuch filtern und heiß in Flaschen füllen.

48

𝕶𝖎𝖗𝖘𝖈𝖍𝖊 *Prunus cerasus*

FAMILIE
Rosengewächse *(Rosaceae)*

BESCHREIBUNG
Die Sauerkirsche *(Prunus cerasus)*, auch Weichselkirsche genannt, sowie die Vogel- oder Süßkirsche *(Prunus avium)* als Wild- und Kulturform gehören in die Familie der Rosengewächse. Die Schattenmorelle ist eine Sorte der Sauerkirsche.
Kirschbäume erreichen eine Höhe bis zu 10 Metern. Blüten und Blätter erscheinen gleichzeitig. Die kugelförmige Steinfrucht der Sauerkirsche hat einen Durchmesser von 15 bis 20 mm. Das leicht säuerlich schmeckende Fruchtfleisch ist rot, seltener ungefärbt. Der Kern kann bis zu 10 mm groß sein. Die Sauerkirsche wird fast in der gesamten Nordhalbkugel als Obstbaum kultiviert.

VERWENDETE TEILE
Früchte, Blätter, Harz, Holz, Kerne

Wichtige Inhaltsstoffe

Anthocyane, Calcium, Cumarine, Eisen, Flavonoide, Kalium, Magnesium, Natrium, Phosphor, Vitamin A, B1, B2, C, E, Zink, Zitronen- und Apfelsäure

Erntezeit

Mai bis Mitte August (sortenabhängig)

Verwendung

Man kann, neben den Früchten selbst, fast alle Bestandteile des Kirschbaums in der Heilkunde nutzen. Aus den jungen Blättern und Stielen wird Tee als schleimlösendes Mittel gekocht. Das gekochte Harz wurde als Hustenmittel verabreicht. Die Kerne im Kirschkernkissen werden auf dem Ofen oder in der Mikrowelle erwärmt und als Heizkissen genutzt. Je kräftiger rot die Frucht gefärbt ist, desto mehr heilende Anthocyane enthält sie.

Das Kirschbaumholz wird wegen seiner warmen Rottöne im Möbelbau (Biedermeier, Jugendstil) und bei der Herstellung wertvollen Furniers verwendet.

KIRSCHPFANNE

Zutaten für 4 Portionen

500 g	Kirschen
350 g	Zwieback
¼ Liter	Milch
65 g	Margarine
3	Eier
75 g	Zucker
1 Schuss	Rum
1 Prise	Salz
	Fett für die Form

ZUBEREITUNG

Kirschen waschen, entsteinen. Zwieback in Milch einweichen. Eier trennen. Margarine schaumig schlagen, mit Eigelb, Zucker und Rum vermischen. Zwieback zugeben. Eiweiß mit Salz zu steifem Schnee schlagen, unter den Teig ziehen.

Die Hälfte des Teigs in eine gefettete Kuchenform füllen, Kirschen darauf verteilen, mit der übrigen Masse abdecken. Im vorgeheizten Backofen etwa 60 Minuten bei ca. 200 °C überbacken.

Kornelkirsche *Cornus mas*

FAMILIE

Hartriegelgewächse *(Cornaceae)*

BESCHREIBUNG

Die Kornelkirsche *(Cornus mas)* ist auch unter vielen anderen Namen bekannt: Herlitze, Dürlitze, Hirlnuss; in Österreich: Dirndl, Dirndling, Dirndlstrauch, Gelber Hartriegel; in der Schweiz: Tierlibaum. Sie gehört zu den Hartriegelgewächsen *(Cornaceae)*.

Der Strauch oder Baum wird bis zu acht Meter groß. Die Blätter sind bis zehn Zentimeter lang. Sie färben sich im Herbst gelb oder orange. Die zahlreichen kleinen, goldgelben Blüten erscheinen noch vor der Forsythie von Februar bis April. Die säuerlich schmeckenden Früchte sind glänzend rot und etwa zwei Zentimeter lang.

Das Holz ist das härteste Holz in Europa und hat einen rötlichweißen Splint und dunklen Kern. Es ist so hart und schwer, dass es im Wasser sinkt.

Verwendete Teile
Früchte; Holz, Rinde, Blätter

Wichtige Inhaltsstoffe
Cornin, Pektin, Tannin, Vitamin C

Erntezeit
August, September

Verwendung
Schon der römische Dichter Ovid schrieb von der Verwendung der Kornelkirsche als Nahrungsmittel und ihrem Gebrauch in der Volksmedizin.
Die Bedeutung der Kornelkirsche war lange Zeit in Vergessenheit geraten. In jüngster Zeit gewinnt sie zunehmend an Beachtung.
Die Früchte können zu einer schmackhaften, etwas herben Marmelade oder als Beigabe für Soßen (Wildgerichte) verarbeitet werden.
Die ölhaltigen Samen verwendet man zur Seifenherstellung. Geröstet mischt man sie zu dem angenehm nach Vanille riechenden berühmten „Wiener Kaffee".

Die Blätter liefern einen angenehmen Aufguss. Die Früchte helfen gegen Durchfall. Die Rinde verleiht als Aufguss eine verstopfende Wirkung.

Aus dem sehr harten Holz wurden einst robuste Wander- und Spazierstöcke gefertigt. Die berühmten „Ziegenhainer" dienten nichtadeligen Studenten (zum Beispiel Theodor Körner) als Ersatz für eine Waffe.

KORNELKIRSCHENGELEE

Zutaten für 4 Portionen

600 ml	Saft, kalt gepressten, von reifen, dunkelroten Kornelkirschen
½	Zitrone (Saft)
250 g	Gelierzucker, 3:1
1 Handvoll	braunen Kandiszucker

ZUBEREITUNG

Alle Zutaten zusammen in einen Topf geben und nach Anweisung auf der Verpackung vier Minuten kochen. Dann in vorbereitete, heiße Twist-Off-Gläser einfüllen und fest verschließen.

Orange *Citrus x sinensis*

FAMILIE
Rautengewächse *(Rutaceae)*

BESCHREIBUNG
Die Orange *(Citrus × sinensis)* oder Apfelsine (von niederl. *appelsien* = Apfel aus China) ist ein immergrüner Baum in der Familie der Rautengewächse *(Rutaceae)*. Sie stammt aus China oder Südostasien und ist eine Kreuzung von Mandarine *(Citrus reticulata)* und Pampelmuse *(Citrus maxima)*. Eine andere Variante aus der Kreuzung beider Elternpflanzen ist die Bitterorange oder Pomeranze *(Citrus × aurantium)*, die bereits im 11. Jahrhundert nach Europa (Italien) gelangte, während die süße Variante erst im 15. Jahrhundert unseren Kontinent erreichte (zunächst Portugal).

Die immergrünen Orangenbäume werden bis zu 10 Meter hoch. Die reife Fruchtschale verströmt dank zahlreicher Öldrüsen einen aromatischen Duft.

VERWENDETE TEILE
Früchte

WICHTIGE INHALTSSTOFFE
Acetaldehyd, Ethylacetat, Fruchtsäuren, Nicotinamid, Vitamine B1, B2 und C

ERNTEZEIT
<u>In China</u>: September bis Dezember
<u>Südeuropa</u>: Oktober bis August

VERWENDUNG
Orangen werden roh oder als Saft, der vor allem als Konzentrat aus Brasilien kommt, verzehrt.

Die Schale ist Ausgangsprodukt vieler Duftstoffe. Durch Wasserdampfdestilation der Orangenblüte (vor allem der Bitterorange) wird das edel riechende Neroliöl gewonnen.

Getrocknete Orangenschalen und Blüten finden in einigen Teemischungen Verwendung.

Als Twist, also gedrehtes Stück, dienen Orangenscheiben zum Aromatisieren eines Cocktails.

ENTENBRUST À L'ORANGE

Zutaten für 4 Portionen

4	Entenbrüste, à ca. 250 g
6	Orangen
2 EL	schwarzes Johannisbeergelee
4 EL	Grand Marnier
40 g	Butter
2 TL	Zucker
	Salz und Pfeffer

ZUBEREITUNG

Entenbrust anbraten. Saft von vier Orangen und ¼ l Wasser zugeben. Im vorgeheizten Backofen bei 225 °C etwa 15 bis 20 Minuten garen. Zwei Orangen schälen, filetieren, in Scheiben schneiden. Butter in Pfanne erhitzen, Zucker karamellisieren. Orangenfilets braten. Entenbrust in Alufolie acht Minuten ruhen lassen. Bratenfond aufkochen, mit Grand Marnier, Johannisbeergelee, Salz und Pfeffer abschmecken. Entenbrust aus der Folie nehmen, in Scheiben schneiden, mit Orangenfilets auf vorgewärmten Tellern anrichten.

60

Pfirsich *Prunus persica*

FAMILIE
Rosengewächse *(Rosaceae)*

BESCHREIBUNG
Der Pfirsichbaum *(Prunus domestica)* gehört in die Familie der Rosengewächse *(Rosaceae)*. Er erreicht eine Wuchshöhe von 1 bis zu 8 Meter. Die Blüten entfalten sich noch vor den Blättern. Die Blütezeit liegt im April. Die Steinfrucht hat eine Längsfurche und einen Durchmesser von 4 bis 10 Zentimeter. Sie ist samtig behaart, aber glatt. Das saftige Fruchtfleisch ist blassgrün oder orange.

Ursprünglich kommt der Pfirsich aus China und gelangte dann über Persien (daher der Artname) nach Griechenland und durch die Römer nach Mitteleuropa, wo er wegen der erforderlichen Wärme vor allem in Weinregionen angebaut wird.

VERWENDETE TEILE
Früchte

Wichtige Inhaltsstoffe

Calcium, Kalium, Magnesium, Vitamin C

Erntezeit

Juli bis September

Verwendung

Pfirsichfrüchte werden vor allem frisch als Obst auf den Markt gebracht oder im eigenen Garten geerntet. In Hälften oder Scheiben geschnitten werden sie zu Konserven verarbeitet. Die Kerne finden Verwendung bei der Herstellung von Persipan oder dienen zur Aromatisierung von Spirituosen (Aprikosenlikör).

Hildegard von Bingen empfahl die unreife Frucht mit Kernen, die Blätter, die Wurzel, das Harz und die Rinde zur äußerlichen Anwendung gegen tränende Augen, Kopfschmerzen und Gicht.

Mit der im Samen enthaltenen Blausäure (Amygdalin) haben die alten Ägypter Verbrecher hingerichtet. Die gummiähnliche Ausscheidung der Frucht wurde als Klebstoff verwendet.

PFIRSICH-TRIFLE

Zutaten für 4 Portionen

1	Biskuitboden
1 Dose	Pfirsiche
4 EL	Brandy, Sherry, Pfirsichlikör
2 Pck.	Vanillepuddingpulver
1 Liter	Milch
2 Becher	Schlagsahne

ZUBEREITUNG

Den Boden einer hohen Form (Schüssel) dick mit Biskuit auslegen, mit wenig Obstsaft und dem Likör tränken. Pudding kochen, abkühlen lassen, Biskuit damit dick abdecken. Obst daraufschichten, erkalten lassen. Kurz vor dem Servieren mit frisch geschlagener Sahne bedecken, mit Früchten oder Schokoraspeln dekorieren.

Bei Verwendung von frischen Früchten kann wegen der Kinder auch süße Limo oder Tonic Water anstelle des Alkohols genommen werden.

64

𝕻flaume *Prunus domestica*

FAMILIE

Rosengewächse *(Rosaceae)*

BESCHREIBUNG

Die Kultur-Pflaume *(Prunus domestica)* gehört in die Familie der Rosengewächse *(Rosaceae)*. Sie erreicht eine Wuchshöhe von bis 6 (selten bis 10) Meter. Die häufig behaarten Knospen werden 4,5 bis 5 Millimeter lang. Die Blütezeit reicht von April bis Mai. Die am Rand gekerbten bis gesägten Laubblätter sind auf der Oberseite stumpfgrün gefärbt. Die Blüten haben einen Durchmesser von 2 bis 4 Zentimetern.

VERWENDETE TEILE

Früchte, Holz

WICHTIGE INHALTSSTOFFE

Anthocyane, Fruchtzucker, Mineralstoffe, Provitamin A, Vitamine B1, B2 und C

Juli bis Oktober (sortenabhängig)

Verwendung

Der Anbau von Pflaumen in Mitteleuropa geht vermutlich auf Karl den Großen zurück.

Zu den bekanntesten Sorten gehören Eierpflaumen, Rundpflaumen, Mirabellen und Zwetsch(g)en. Die schmackhaften Früchte sind sowohl zum sofortigen Verzehr zu empfehlen, finden aber auch zahlreiche andere Verwendung beim Backen, Konservieren und in der Heilkunde, denn die Schalen enthalten Anthocyane, die vor Krebs und Herzinfarkt schützen. Bekannt ist die heilende und lindernde Wirkung bei Magenbeschwerden, wozu der römische Dichter Marcus Valerius Martial schrieb: *Nimm Pflaumen für des Alters morsche Last, denn sie pflegen zu lösen den hartgespannten Bauch.*

Das harte Holz des Pflaumenbaumes ist schwer zu bearbeiten, denn es reißt sehr leicht. Das Kernholz ist aber gut zu drechseln. Es wird vor allem für den Bau von Holzblasinstrumenten genutzt.

WEINBRANDPFLAUMEN

Zutaten

1 kg	Pflaumen
500 g	brauner Kandiszucker
1 Stange	Zimt
1 Liter	Weinbrand

Zubereitung

Die entstielten Pflaumen waschen, mit kochendem Wasser überbrühen und etwa drei Minuten stehen lassen. Die Pflaumen müssen aufplatzen, damit Zucker und Weinbrand gut ins Fruchtfleisch eindringen können.

Abtropfen lassen und in einem geeigneten Gefäß abwechselnd mit dem Kandis und der zerbrochenen Zimtstange einschichten. Den Weinbrand aufgießen, bis die Pflaumen bedeckt sind. Das Glas verschließen und mehrmals schütteln, damit sich der Kandis auflöst.

Nach frühestens vier Wochen sind die Weinbrandpflaumen zum Verzehr geeignet.

Preiselbeere *Vaccinium vitis-idaea*

FAMILIE
Heidekrautgewächse *(Ericaceae)*

BESCHREIBUNG
Die in Eurasien und Nordamerika weit verbreitete Preiselbeere *(Vaccinium vitis-idaea)* gehört in die Familie der Heidekrautgewächse *(Ericaceae)*.
Die Kulturpreiselbeere hingegen bezeichnet die gänzlich anders schmeckende Großfrüchtige Moosbeere *(Vaccinium macrocarpon)*, besser als Cranberry bekannt.
Die Preiselbeere ist ein immergrüner, aufrechter bis kriechender Zwergstrauch von zehn bis 40 Zentimetern Höhe. Ende August bis Anfang September reifen die leuchtend roten Beeren heran. Sie haben einen Durchmesser von fünf bis zehn Millimetern. Ihr Geschmack ist säuerlich und leicht bitter.

VERWENDETE TEILE
Früchte, Blätter

WICHTIGE INHALTSSTOFFE

Anthocyan, Arbutin, Calcium, Kalium, Magnesium, Phosphat, Vitamine Beta-Karotin (Vitamin A), B1, B2, B3 und C

ERNTEZEIT

August, September

VERWENDUNG

Preiselbeeren sind vor allem als Beilage zu Wildgerichten sehr geschätzt. Im rohen Zustand werden sie wegen ihres säuerlichen Geschmacks kaum gegessen. Man verarbeitet sie meistens zu Kompott oder Marmelade.

Der Genuss der Beeren oder des Saftes soll vor Nieren- und Harnblaseninfektionen schützen, indem das Eindringen von Bakterien in die Schleimhaut verhindert wird. Auch zur Senkung des Cholesterinspiegels und bei rheumatischen Erkrankungen wird die Pflanze empfohlen.

Apotheken und Drogerien bieten die getrockneten Blätter als *Vitis-Ideae Folium* an.

PREISELBEERGEWÜRZKUCHEN

Zutaten

4	Eier
150 g	brauner Zucker
100 g	Butter
200 g	Preiselbeeren
350 g	Mehl
1 Pck.	Backpulver
1–2 TL	Zimt
1 Prise	Nelkenpulver
100 ml	Milch
	Fett für die Form

ZUBEREITUNG

Die Eier und der Zucker werden schaumig gerührt, die Preiselbeeren dazugeben. Butter, Mehl, Backpulver, Zimt, Nelkenpulver und Milch untermischen.

Die Masse in eine gefettete Gugelhupfform füllen und ca. 75 Minuten bei 175 °C backen.

Der Kuchen bleibt lange saftig.

𝕼uitte *Cydonia oblonga*

FAMILIE
Rosengewächse *(Rosaceae)*

BESCHREIBUNG
Der laubabwerfende Quittenstrauch oder -baum *(Cydonia oblonga)* kann bis zu acht Meter Höhe erreichen. Die Blüten befinden sich einzeln an den Spitzen diesjähriger Triebe. Die Quitte blüht im Mai und Juni. Die gelben, duftenden, behaarten Früchte haben einen Durchmesser von drei bis fünf Zentimetern. Kultivierte Sorten bilden in der Regel größere Früchte, die im Aufbau Äpfeln oder Birnen ähneln.

VERWENDETE TEILE
Früchte

WICHTIGE INHALTSSTOFFE
Eisen, Fluor, Gerbsäure, Kalium, Kupfer, Mangan, Natrium, organische Säuren, Pektin, Tannine, Vitamin C, Zink

ERNTEZEIT
Oktober, November

VERWENDUNG
Wegen der Gerbstoffe und der Härte sind Quitten für den Rohverzehr nicht geeignet. Das trifft aber nicht auf die in der Türkei angebaute Shirin-Quitte zu. Die vom Flaum befreite Frucht kann geschält oder ungeschält verwendet werden. Günstigster Erntetermin für die noch nicht ausgereifte Frucht ist die Zeit vor dem Wechsel der Färbung von grün nach gelb.

Die Quitte eignet sich zur Herstellung von Marmelade, Kompott, Mus, Saft, Gelee (Quittenkäs), Likör oder Schnaps. Man kann sie auch als Zusatz bei der Herstellung von Apfelwein verwenden. Quittenbrot ist als *Dulce de membrillo* eine in spanisch- und portugiesisch-sprachigen Ländern verbreitete traditionelle Weihnachts- oder Wintersüßigkeit.

In der Volksmedizin wird Quitte gegen Durchfall und Fieber empfohlen. Quittentee soll bei Nervosität, Schlaflosigkeit und Mundgeruch helfen.

DULCE DE MEMBRILLO (QUITTENPASTE)

Zutaten

2 kg	Quitten
120 ml	Wasser
	Zucker (siehe Zubereitung)

ZUBEREITUNG

Quitten schälen, Kerngehäuse entfernen, Fruchtfleisch grob hacken, mit dem Wasser in einen schweren Topf geben, zum Kochen bringen, Hitze reduzieren, Masse abgedeckt 30 Minuten köcheln lassen. Am Ende der Kochzeit sollte es ein dickes Püree ergeben. In der Küchenmaschine pürieren oder durch ein Sieb streichen.

Püree abwiegen. Für 500 g Püree je 250 g Zucker hinzugeben. Beides wieder in den Topf geben und 45 Minuten unabgedeckt köcheln lassen.

Die Masse in eine rechteckige Backform gießen, abkühlen lassen. In Vierecke schneiden und in Wachspapier eingewickelt in einer Blechdose aufbewahren.

76

𝕾anddorn *Hippophae rhamnoides*

FAMILIE
Ölweidengewächse *(Elaeagnaceae)*

BESCHREIBUNG
Sanddorn *(Hippophae rhamnoides)* aus der Familie der Ölweidengewächse *(Elaeagnaceae)* kennt man auch unter den Bezeichnungen Audorn, Dünendorn, Fasanenbeere, Haffdorn, Rote Schlehe, Sandbeere, Seedorn und Weidendorn. Der sommergrüne, bis zu drei Meter tief wurzelnde Strauch erreicht eine Wuchshöhe bis sechs Meter. Dank der weit- und tiefreichenden Wurzelbrut sichert Sanddorn die Steilufer an Küstengebieten.
Ab August bis Anfang Dezember erscheinen die orangeroten bis gelben Scheinsteinfrüchte mit einer dünn-breiigen Konsistenz und reichlich ätherischen Ölen.

VERWENDETE TEILE
Früchte, Kerne, Holz

Beta-Karotin, Gerbstoffe, Vitamine B12, C, Zink

ERNTEZEIT
September, Oktober

VERWENDUNG
Sanddornsaft wird roh gtrunken oder verschiedenen Mixgetränken zugefügt. Die Beeren werden zu Wein, Likör oder zu Marmelade verarbeitet.

Sanddornbeeren verfügen über einen ungewöhnlich hohen Vitamin-C-Gehalt. Durch Symbiose mit Bakterien auf der Außenschale der Beere entsteht das für Zellteilung, Blutbildung und Nervensystem wertvolle Vitamin B12.

Die Beeren und ölhaltigen Kerne werden in der Medizin als Säfte und Extrakte bei Entzündungen der Darm- und Magenschleimhaut oder Vitamin-C-Mangel sowie als Öl bei der Wundheilung und gegen Strahlenschäden eingesetzt.

Sanddornholz ist feinfaserig und gut polierbar. Es findet als Drechsler- und Brennholz Verwendung.

BORKUMER FASANENBRAUSE

Zutaten

250 ml	Sanddornsaft
330 ml	Doppelkorn, 38%
250 g	weißer Kandiszucker
2 cl	Multivitaminsaft

Zubereitung

Kandiszucker (möglichst kleine Stücke nehmen, damit er sich besser auflöst) in eine 1-l-Saft- oder Milchflasche mit großer Öffnung geben, mit dem Sanddornsaft und Doppelkorn auffüllen; sechs bis acht Wochen zur Gärung an einen sonnigen Platz stellen, bis sich der Kandiszucker aufgelöst hat. Häufig gründlich schütteln. Am Schluss ein Schnapsglas voll Multivitaminsaft dazugeben und alles noch einmal gründlich schütteln. Das Rezept ergibt ca. 750 ml fertigen Likör.

Die verhüllende Bezeichnung *Fasanenbrause* bezieht sich auf die Ähnlichkeit der Farbe des Likörs mit den goldfarbenen Federn eines Fasans.

80

Schlehdorn *Prunus spinosa*

FAMILIE

Rosengewächse *(Rosaceae)*

BESCHREIBUNG

Der sommergrüne und dornenreiche Schlehdorn *(Prunus spinosa)* ist eine Pflanzenart aus der Familie der Rosengewächse *(Rosaceae)*, der als Strauch oder oft mehrstämmiger Baum bis zu 40 Jahre alt werden kann. Die sehr dunkle, schwärzliche Rinde reißt im fortgeschrittenen Alter in schmale Streifen. Die Kurztriebe bilden kräftige Dornen aus.

Die weißen Blüten mit einem charakteristischen Mandelduft erscheinen im März und April noch vor dem Laubaustrieb. Die Innenseite des Blütenbechers sondert reichlich Nektar ab, so dass die Schlehe für zahlreiche Insekten im zeitigen Frühjahr eine wertvolle Nahrungsquelle darstellt. Die dunkelblauen bis schwarzen Früchte, die im Winter am Strauch verbleiben, schmecken sauer und herb. Erst nach einem Frost sind sie zu genießen.

Verwendete Teile
Früchte, Holz

Wichtige Inhaltsstoffe
Amygdalin, Cumarinderivate, Flavonoglykoside, Gerb- und Bitterstoffe, Vitamin C

Erntezeit
Oktober, November

Verwendung
Blüten, Rinde und Früchte wirken zusammenziehend, harntreibend, fiebersenkend, magenstärkend und entzündungshemmend.

Ein Blütenaufguss wird besonders bei Kindern mit Durchfallerkrankungen empfohlen, auch bei Blasen- und Nierenproblemen oder Magenbeschwerden ist er hilfreich.

Das sehr harte, glänzende Holz der Schlehe wird zum Schnitzen sowie zur Herstellung von Peitschenstielen und Spazierstöcken verwendet.

SCHLEHENLIKÖR

Zutaten

600 g	Schlehen
700 ml	Rotwein
1	Zimtstange
3	Gewürznelken
3	Sternanis
1	Zitronenschale
300 g	Honig
700 ml	Wodka

ZUBEREITUNG

Schlehen waschen, abtropfen lassen, im Mörser mit einigen Steinen leicht zerstampfen. Das Mus in einen Topf geben. Rotwein, Gewürze und Zitronenschale zufügen. 3 bis 4 Tage an einem kühlen Ort ziehen lassen. Alles filtern, dann kurz aufkochen. Auf 40 °C abkühlen, den Honig einrühren. Nach vollständigem Auskühlen den Wodka dazugeben.

In Flaschen abfüllen und gut verschließen. Kühl und dunkel lagern.

𝕾𝖙𝖆𝖈𝖍𝖊𝖑𝖇𝖊𝖊𝖗𝖊 *Ribes uva-crispa*

FAMILIE
Stachelbeergewächse *(Grossulariaceae)*

BESCHREIBUNG
Der sommergrüne Strauch aus der Familie der Stachelbeergewächse *(Grossulariaceae)* wird etwa 60 bis 100 Zentimeter groß. Die Blüten erscheinen im April bis Mai. Die in den Monaten Juli bis August reifenden, behaarten Früchte sind bis zu drei Zentimeter große Beere, die je nach Sorte grün, gelb oder purpurrot gefärbt sind.
Die durch mehrfache Einkreuzungen anderer Arten entstandenen Gartenformen werden vegetativ durch Absenker oder durch Veredelung, z. B. als Hochstämmchen, vermehrt. Als Unterlage dient häufig die Goldjohannisbeere *(Ribes aureum)*.

VERWENDETE TEILE
Früchte

Wichtige Inhaltsstoffe

Calcium, Carotin, Folsäure, Kalium, Kohlenhydrate, Magnesium, Pektin, Phosphor, Silizium, Provitamin A, Vitamine B6, C, E

Erntezeit

Juli, August

Verwendung

Die seit dem 16. Jahrhundert als Beerenobst angebaute Stachelbeere wird roh verzehrt oder zu Kompott, Marmelade oder Gelee verarbeitet. Außerdem ist sie ein beliebter Kuchenbelag. Ebenso werden Stachelbeeren zur Veredlung von Hauswein verwendet. Weniger bekannt ist die Frucht als Ausgangsprodukt von herzhaften Soßen (Relish).

Die enthaltenen Fruchtsäuren regen den Appetit an. Aufgrund ihrer Inhaltsstoffe (z.B. Silizium) wirken Stachelbeeren entgiftend für Schwermetalle, darmreinigend, entwässernd und haarwuchsfördernd. Bei Venenschwäche und Besenreisern wird eine einwöchige Stachelbeerkur empfohlen.

STACHELBEER-RELISH

Zutaten

1 kg	Stachelbeeren
500 g	Zwiebeln
200 g	Sultaninen
100 g	Gelierzucker, 1:1
200 g	brauner Zucker
2 EL	Salz
½ TL	Pfeffer
1 TL	gemahlener Ingwer
1 EL	Senfkörner
¼ Liter	Obstessig

ZUBEREITUNG

Blüten und Stiele entfernen, waschen, in Stücke schneiden. Zwiebeln schälen, würfeln. Sultaninen waschen. Alle Zutaten mit Zucker, Essig und den Gewürzen aufkochen, bei mittlerer Hitze 25 bis 30 Minuten einkochen lassen. Relish heiß in Schraubdeckelgläser füllen. Passt gut zu Rindfleisch, kaltem Schweinebraten oder Fondue.

𝕲𝖊𝖎𝖓𝖗𝖊𝖇𝖊 *Vitis vinifera*

FAMILIE
Weinrebengewächse *(Vitaceae)*

BESCHREIBUNG
Die Edle Weinrebe *(Vitis vinifera subsp. vinifera)* ist eine Pflanzengattung der Familie der Weinrebengewächse *(Vitaceae)*. Sie wird in klimatisch geeigneten Weinbaugebieten kultiviert und ist durch die Römer auch in nördlich der Alpen befindliche Regionen gebracht worden. Alle Arten wachsen als immer- oder sommergrüne, kletternde Sträucher oder Lianen.

Die Früchte sind fleischige Beeren. Sie enthalten wenige Samen. Von den ca. 16.000 Rebsorten gibt es Weinreben mit grünen, gelben („weißen") oder roten bis dunkelblauen Beeren.

Das ursprüngliche Verbreitungsgebiet befindet sich in den gemäßigten Regionen der Nordhalbkugel. Der Wein kommt aber auch in den Tropen und Subtropen von Asien, Afrika und Polynesien vor.

VERWENDETE TEILE
Früchte, Kerne, Laub

WICHTIGE INHALTSSTOFFE
Calcium, Eisen, Kalium, Kupfer, Magnesium, Natrium, Phosphor, Selen, Vitamine A, B, C, E, Zink

ERNTEZEIT
Juli, August

VERWENDUNG
Die Trauben können roh gegessen oder zu Rosinen und Korinthen getrocknete, bzw. zu Wein oder Traubensaft verarbeitet werden. Aus den Kernen wird Traubenkernöl gewonnen. Die Traubenkerne haben eine hohe zellschützende Wirkung.

Aus den gestampften oder gepressten Trauben werden Most oder Maische gewonnen, die zu Wein vergoren werden. Der Wein entsteht durch die alkoholische Gärung.

Eingelegte Weinblätter werden in der Küche als delikate Beilage verwendet.

BREMER MATROSENFLEISCH

Zutaten für 4 Portionen

350 g	Rindfleisch
350 g	Schweinefleisch
3	Zwiebeln
1 Bund	Suppengemüse
3 EL	Schweineschmalz
1–2 TL	geriebener Meerrettich
200 ml	Rotwein
1–2	Lorbeerblatt
1½ TL	Speisestärke
	Salz und Pfeffer

ZUBEREITUNG

Fleisch würfeln, Zwiebeln schälen und würfeln; Suppengemüse würfeln. Schweineschmalz im großen Topf erhitzen, Fleischwürfel darin von allen Seiten scharf anbraten. Zwiebel- und Suppengemüsewürfel zugeben, kurz schmoren. Salz, Pfeffer, Meerrettich, Rotwein, Lorbeerblatt zugeben. Bei mittlerer Hitze ca. 45 bis 60 Minuten garen. Speisestärke anrühren, die Soße damit binden.

REZEPTREGISTER

...weitere Bände aus der

Mehr Bücher: **www.rhinoverlag.de**